了不起的

讲给孩子的奥运故事

Amazing Chinese Champions

中国冠军

杨茗茗 / 著

任洋 / 绘

西苑出版社
XIYUAN PUBLISHING HOUSE

中国 · 北京

图书在版编目（CIP）数据

了不起的中国冠军 ：讲给孩子的奥运故事 / 杨茗茗著. -- 北京 ：西苑出版社有限公司，2024. 8. -- ISBN 978-7-5151-0921-3

Ⅰ. G811.21-49

中国国家版本馆CIP数据核字第2024T34G90号

了不起的中国冠军：讲给孩子的奥运故事

著　　者　杨茗茗
责任编辑　王思硕
责任校对　王振强
责任印制　李仕杰
开　　本　710毫米×1000毫米　1/16
印　　张　4.5
字　　数　37千字
版　　次　2024年8月第1版
印　　次　2024年8月第1次印刷
印　　刷　小森印刷（北京）有限公司
书　　号　ISBN 978-7-5151-0921-3
定　　价　68.00元

出版发行　西苑出版社有限公司 北京市朝阳区利泽东二路3号　邮编：100102
发 行 部　（010）84254364
编 辑 部　（010）64391966
总 编 室　（010）88636419
网　　址　http://www.jccb.com.cn
电子邮箱　jinchengchuban@163.com
法律顾问　北京植德律师事务所 17600603461

开启奥运会之旅

小朋友，你听说过奥林匹克运动会吗？它简称“奥运会”，是世界上影响力最大的体育盛会哦！

奥运会的起源

在 2000 多年前，古希腊人通过举办大型竞技活动来祭祀神灵。在奥林匹亚，这种竞技活动每 4 年举办一次，内容包罗万象——赛跑、角斗、音乐、诗歌……虽然人们在几个世纪里坚持定期举办大赛，但后来由于历史变迁，古奥运会还是停止举办了。

扫码看视频

现代奥运会

1894 年，被称为“现代奥运之父”的法国人皮埃尔·德·顾拜旦复兴了奥林匹克运动，因为他意识到了体育活动对增进各国友谊的重要性，国际奥林匹克委员会成立，并决定第一届现代奥运会于 1896 年 4 月在希腊举行。最初几届奥运会，有很多奇特的比赛，比如拔河、爬绳、障碍游泳等。

现在，奥运会汇聚了来自 200 多个国家和地区约 10500 名运动员，还专门为青少年、残疾人和智力障碍等特殊群体设立了青奥会、残奥会、特奥会。世界上许多城市都在积极申办奥运会，国际奥委会提前 7 年揭晓每一届奥运会主办城市，随后大型的体育馆、崭新的游泳馆和供运动员居住的奥运村争分夺秒拔地而起来迎接奥运会。

奥运圣火

在每届奥运会开幕前，人们会在希腊城市奥林匹亚的赫拉神庙前采集圣火，点燃奥运火炬。然后奥运圣火从希腊出发，开始了遥远的旅行。火炬手们接力传递奥运火炬，也传递着和平的精神，最终护送火炬抵达奥运会主办城市。奥运会期间，奥运圣火是不会熄灭的哦！

奥运五环

奥运五环是奥林匹克的标志，它由 5 个不同颜色的圆环相互套接在一起，象征着世界五大洲的团结和全世界的运动员以公正、坦诚的体育精神在奥运会相聚一堂。

奥运格言

更快、更高、更强——更团结。

目录

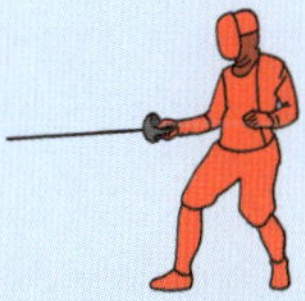

田径

田径比赛是奥运会最受欢迎的项目之一，包含 20 多个小项，例如赛跑、竞走、跳远、跳高、铅球等。每一个项目都在争取更快、更远、更高、更强，运动员在比赛中不但要战胜对手，更要不断超越自己。

田径是最古老的体育项目之一，也被称为“运动之母”。远古时期，人类为了生存和活动，必须学会长途奔跑、跳过障碍、投掷石块和使用各种捕猎工具，逐渐形成了走、跑、跳、投的技能，随着社会发展，这些技能演变为田径项目，在 1896 年第一届奥运会就设有正式的田径比赛。

扫码看视频

七步上栏的飞人 刘翔

刘翔是亚洲田径史上第一位集奥运会、室内室外世锦赛、国际田联大奖赛冠军于一身的跨栏运动员。2004年雅典奥运会上，刘翔像飞人般冲向终点，并以12秒91的成绩夺得110米栏冠军，成为亚洲第一个在男子110米栏中夺得金牌的人。2006年，他又以12秒88打破保持13年之久的男子110米栏世界纪录。

取得了这么多成就，刘翔已经非常厉害了，但是他并没有停下脚步。在跨栏比赛中，运动员们不仅要跑得快，还要跨过10个栏架，所以掌握完美的技术至关重要。

从起跑到第一个栏之间的距离是 13.72 米，运动员通常是八步跑上栏。刘翔之前的训练也是一样的，但是要想突破自我，跑得再快一点，就要在这几步中下功夫。当时世界上有“七步上栏”的新技术，只有极少数世界顶尖选手才能掌握，而刘翔决定挑战自我，他也要训练七步跑上栏。八步变七步，也许只有细微的差别，但是对于总共十几秒的 110 米栏来说，也是必争的差距。

但是十几年的习惯，突然要改，能做到吗？八步缩短到七步，每一步的力量就要大很多，重心也要移动得更快。以前是右脚起跑，现在换成左脚，除了制订一套训练计划，刘翔还要从生活细节上调整，穿裤子也必须先左脚再右脚，让身体习惯换边发力。

功夫不负有心人，经过一段刻苦的训练，刘翔终于掌握“七步上栏”技术，他也成为中国第一位、世界第四位掌握该技术的运动员。刘翔没有躺在功劳簿上睡大觉，而是积极探索，勇于突破，这种敬业、自信、不服输的精神，值得我们学习！

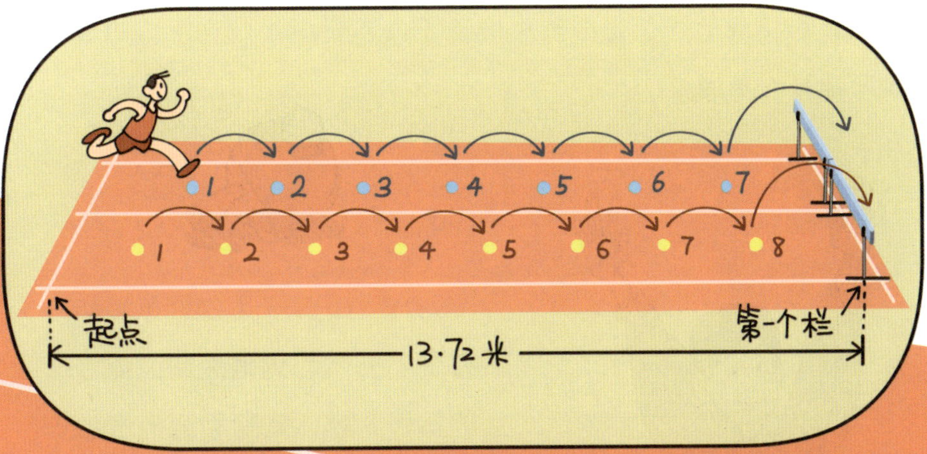

乒乓球

小朋友，你知道我国的“国球”是什么吗？那就是乒乓球。奥运会乒乓球奖牌总是会被中国选手收入囊中，但这项运动的起源却是在英国。

19 世纪末，因为网球运动会受到天气和场地限制，英国的年轻人就以餐桌和纸板来当球台和球拍，进行击球游戏，之后逐渐发展为新的运动项目。因打球时会发出“乒乓乒乓”的声音，所以得名“乒乓球”。

1959 年，容国团拿到了中国第一个乒乓球世界冠军，自那之后，中国选手在国际乒乓球赛场的统治力逐渐形成。1988 年，乒乓球成为奥运会正式比赛项目。

扫码看视频

刘国梁

那个“不懂球”的胖子

中国乒乓球队在国际大赛总是受到很多关注，2016 年里约奥运会，中国队拿到了乒乓球全部单项金牌，球迷们在网络平台欢庆胜利，这时一条留言引发热议：中国队后面那个不懂球的胖子是官员吗？总是双手交叉面无表情，是不是不懂球啊？

大家纷纷讨论，这说的是哪个胖子呢？原来是每场比赛都在场边指挥的总教练——刘国梁。

作为中国乒乓球队的总教练，刘国梁在赛场上总是不苟言笑，他的情绪有可能会影响队员比赛的状态，所以无论输赢他都是板着脸。但你要问他是不是不懂球，那我给你介绍一下他是谁：

刘国梁年轻的时候也是中国乒乓球队的选手，堪称“大魔王”级别的存在。在 1996 年亚特兰大奥运会，刘国梁赢得了冠军，而且他是中国男子乒乓球历史上第一位大满贯得主，奥运会、世锦赛、世界杯……乒乓球运动员能拿的冠军，他都拿到了。退役之后他成为教练，为中国队培养优秀人才。现在他带领球队在各项世界大赛中取得辉煌战绩。

如果刘国梁不懂球，就没有人敢说自己懂球了。不过对于网友说他是“不懂球”的胖子，刘国梁并不生气，还欣然接受了这个可爱的外号。

羽毛球

嗖！千万别小瞧了羽毛球的速度！

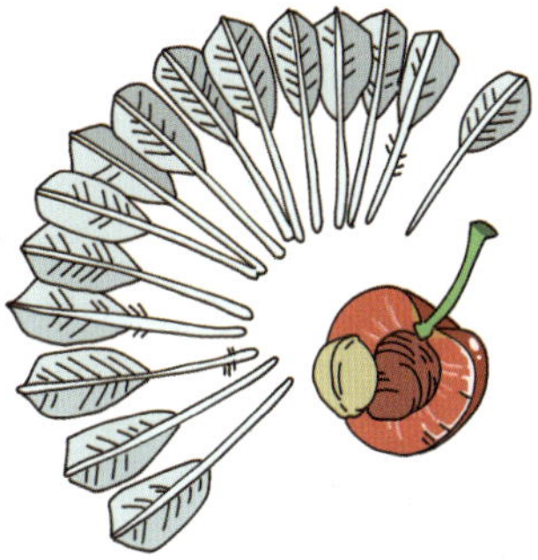

一则冷知识：羽毛球是目前时速最快的球类运动。扣杀时，羽毛球最快速度可以超过每小时 400 千米，比赛车的速度还要快呢！

对于羽毛球运动的起源，各种说法不一。最初的羽毛球首次出现在日本，在樱桃核上插上羽毛做成羽毛球，用木头做成球拍来打球。这便是历史上第一次羽毛球运动的形成，但是因为球速比较慢没有趣味性，慢慢就淡出人们的视野。后来，印度也开始出现和羽毛球相似的运动游戏。

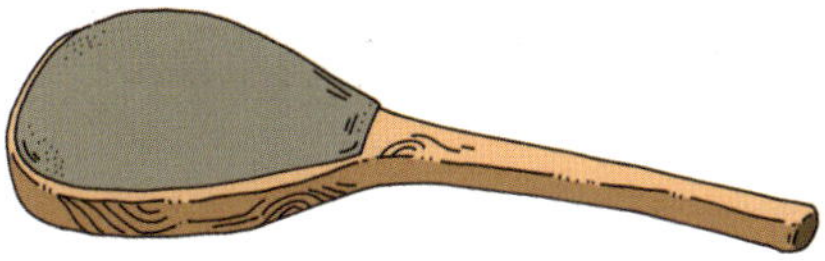

他们的球是用硬纸板做成的，中间有一个小孔插入羽毛，变成了羽毛球，这项运动被称为普那。

扫码看视频

1873 年，在英国伯明顿镇博福特公爵的宴会上，一名军官介绍了印度的普那运动。因为玩起来非常有意思，这项运动很快在英国流行起来。英国人制定了更加完善和统一的运动规则，所以羽毛球应该算是起源于印度，形成于英国。羽毛球的英文名 Badminton 就是源自伯明顿镇。1992 年，羽毛球成为奥运会正式比赛项目。

不服输的“超级丹”

林丹被中国球迷誉为中国羽毛球“一哥”，职业生涯极其辉煌，是羽毛球历史上第一位双圈全满贯球员，什么意思呢？就是奥运会、世锦赛、世界杯、亚运会等多座世界羽联超级系列赛冠军，他都拿过，而且是至少两遍。

一开始，林丹并没有学习羽毛球，而是学了电子琴。

当时全国各地风靡学习电子琴，班里的同学都去学，林丹也不例外。可是天天坐在电子琴前，只能动动手指，这可把好动的小林丹憋坏了，没弹多久他就沉不住气，只练了一星期就不练了。

不练琴，总得练点别的吧。于是父母去体育馆的时候就会带上林丹，让他自己跑着玩。有一次林丹看见一群小朋友跑来跑去在打羽毛球，挥拍、接球，林丹一下被吸引住了，于是5岁的林丹开启了学习羽毛球的历程。

那个时候，小小年纪的林丹就显示出了自尊心强、不肯服输的劲头。

训练中最让林丹害怕的是压腿，刚开始韧带没有拉开，腿压不下去，教练就帮他压，小林丹疼得直哭，边哭边压，回家后妈妈还要帮林丹继续压。可是不管再怎么疼，妈妈从没有听林丹说不想练了。

周末，要训练长跑，绕着县城跑两圈至少几千米，林丹是队里年纪最小的，他跑不过大孩子，就一直咬牙跟着大家跑完全程，绝不会中途掉队。正是那股不服输的精神，让林丹非常刻苦地训练，每天总是最晚离开训练场。

天赋加上勤奋，帮助林丹 9 岁就进入省体校， 12 岁就进入八一队，再到后来成为奥运冠军。

排球

小朋友，你知道什么是排球吗？

排球是一项多人参加的球类运动。在一个长方形球场上，中间隔着高高的网，在网的两边各有 6 名选手，他们用手把球在网的上空打来打去，不让球掉到地上，这就是排球。

扫码看视频

注：威廉·摩根根学生时代结识了篮球运动的发明者詹姆斯·奈史密斯，受后者启发，他在 1895 年发明了排球运动。

排球出现在 1895 年，人们希望在激烈的篮球和休闲的网球之间，找到一种有趣又能锻炼身体的运动，于是在篮球场中间放上网球的球网，用手来击打传接球，并制定比赛规则，由此逐渐演变成了如今的排球。

1964 年，排球成为奥运会正式比赛项目。1996 年，沙滩排球成为奥运会正式比赛项目。

中国女排 凝聚人心

提到排球，我们一定会自豪地想起中国女排，她们就是“永不放弃”“坚忍不拔”的代名词。

过去，我们的物质生活虽不够富足，但是精神力量却非常充沛。有这么一群爱打排球的姑娘，每天都很努力地训练，团结友爱、勇敢坚强，她们希望成为世界上最棒的排球队，这就是中国女排。

中国女排要和其他国家的队伍比赛，对手水平都很高，曾经一次次输给对方，但是她们并没有放弃，每一次失败后都积极总结经验，加倍训练，从头再来。

终于，中国女排在 1981 年第一次拿到排球世界杯冠军，紧接着在 1982 年世锦赛夺冠，1984 年奥运会、1985 年世界杯、1986 年世锦赛又接连摘得桂冠，加在一起连续 5 次的冠军战绩，让世界记住了中国，也记住了中国女排。她们可是世界排球史上，第一支获得五连冠的女排队伍！

进入新世纪，中国女排面临过挑战，经历过低谷，但她们并没有气馁，在2003年世界杯、2004年奥运会、2015年世界杯、2016年奥运会以及2019年世界杯，中国女排再次展现了实力和坚忍，5次夺得冠军，使得世界冠军次数达到了10次。

除了在比赛场上收获辉煌成就，中国女排也赢得了全世界的尊重和喜爱。她们用自己的努力和拼搏，化身中国骄傲，也激励着无数人追求自己的梦想。所以我们要学习中国女排的精神，坚持不懈、永不言败。

网球

网球是一项优雅与力量并存的运动。

在长方形场地中间，有一个高高的网，两边的选手用特别的网球拍把球打过网去，让球落到对方的场地里。打网球不仅需要力气，还需要技巧，用不同的方式击球，球的速度和线路都会不一样。网球分为单打和双打，采用 3 盘 2 胜制或 5 盘 3 胜制。

扫码看视频

网球的计分方式很特别，以 0、15、30、40 来报分。曾经人们玩网球游戏是用时钟来计分，每得 1 分指针拨动 1 刻钟（也就是 15 分钟），第一次得分报 15，第二次得分报 30。第三次得分应该报 45，怎么报 40 呢？因为在英文中，15 念作 fifteen，30 念作 thirty，都是双音节词，但是 45 英文念作 forty-five，变成了 3 个音节，人们觉得有点拗口不方便，于是就把它改成双音节的 forty，所以第三次得分报 40。

网球四大公开赛简称“四大满贯”，分别是澳网、法网、温网和美网。

1896 年，第一届奥运会，就设有网球比赛项目。

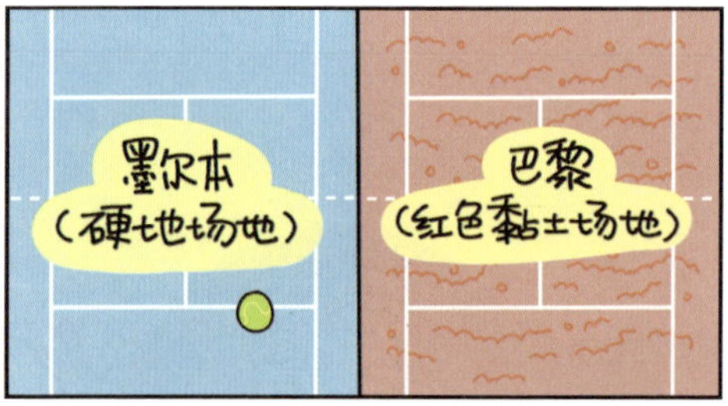

澳大利亚网球公开赛　法国网球公开赛

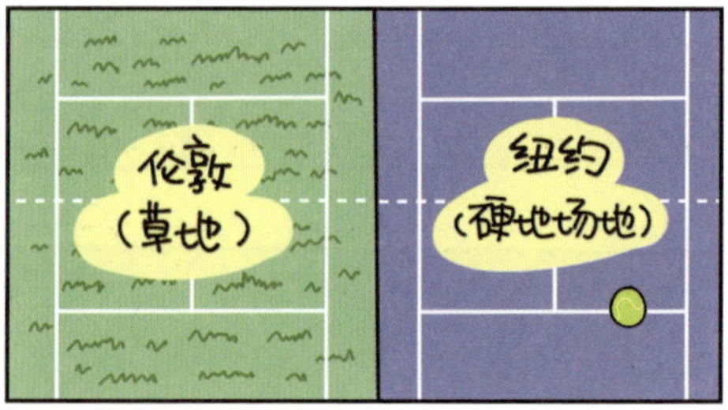

温布尔登网球锦标赛　美国网球公开赛

勇敢追梦的李娜

在我国有一位非常了不起的网球明星，她的名字叫李娜。她不仅是我国的骄傲，还是全世界都为之赞叹的网球选手。李娜是亚洲第一位大满贯女子单打冠军得主，也是第一位进入国际网球名人堂的亚洲运动员，职业生涯期间获得国际女子网球协会（WTA）赛事单打冠军9个、双打冠军2个，其中包括极具分量的法网和澳网女子单打冠军。2008年北京奥运会，李娜获得网球女子单打项目第四名。

但是她的网球之路并非一帆风顺。

为了成为一名出色的网球运动员，李娜每天都很努力地练习，她用自己的汗水和坚持，一步步走向成功。可是高强度的比赛让李娜多次受伤，甚至一度面临退役危机。尽管困难重重，但她从未放弃，每次受伤后都会积极复健，让自己尽快重回赛场。她说："每一次跌倒，都是为了更好地站起来。"这种坚忍不拔的精神，让人们对她充满敬意。

在比赛中，她需要面对来自世界各地的顶尖选手，每场比赛都是一次激烈的较量，不仅是身体的比拼，也有心理的对抗。李娜总是能够保持冷静和自信，用自己的实力去征服对手。就这样，一路过关斩将的李娜不仅实现了自己的梦想，也为中国网球写下了浓墨重彩的一笔。

成功并不是一蹴而就的，需要我们有坚定的信念、顽强的毅力和不懈的努力。只有不断挑战自己、超越自己，才能像李娜一样实现自己的梦想。

游泳

游泳不仅是一项体育运动，也是一项生存技能，在古代就已经存在了。你看一些古代陶器或者书画中，就描绘了人们潜水捕猎的场景。现代游泳的形成可以追溯到 19 世纪的英国，1828 年，英国人在利物浦修建了世界上第一个室内游泳池。1837 年，第一个游泳组织在英国伦敦成立，并举办了英国最早的游泳比赛。1896 年，第一届奥运会便设有游泳比赛项目。

在奥运会上，世界各国的游泳健将齐聚一堂，展现他们的泳技和实力。

游泳比赛也分为不同的项目。

个人赛：自由泳、蛙泳、仰泳、蝶泳、混合泳。

团体赛：自由泳接力、混合泳接力、男女自由泳接力、男女混合泳接力。

扫码看视频

“小叶子”的泳池传奇

你们知道吗？有一位很厉害的大姐姐在游泳池里游得超级快！就像闪电一样，唰的一下就过去了，她的名字叫叶诗文，我们亲切地称她为“小叶子”。

“小叶子”出生在一个对体育充满热爱的家庭，很小就在游泳方面展现出了极高的天赋。每次跳进水里，她就像一条快乐的小鱼，自由自在地游来游去。她的妈妈发现了她的潜力，决定让她接受专业的游泳训练。

“小叶子”非常努力，每天坚持训练，不管刮风下雨，她都不会偷懒。凭借专注和努力，“小叶子”赢下了很多比赛，很快就成为教练和同伴们关注的焦点。

16 岁那年，叶诗文参加了 2012 年伦敦奥运会。她一举夺得女子 200 米和 400 米个人混合泳项目的金牌，并打破了两个项目的世界纪录，大家都为她欢呼。

但是，叶诗文并没有因此骄傲自满。她知道，只有不断努力，才能保持自己的优势。叶诗文不仅在游泳方面很厉害，她还攻读了清华大学的法律专业，并且在学术方面获得了认可，她希望自己的人生之路可以更加开阔。

一路走来，叶诗文成为中国泳坛第一位获得全运会、亚运会、世界杯、长池世锦赛、短池世锦赛、奥运会冠军的大满贯运动员，也是亚洲游泳历史上第一个大满贯选手，世界泳坛历史上年龄最小的大满贯得主。

花样游泳

花样游泳是一项既美丽又有趣的水上运动。

花样游泳集合了游泳、舞蹈和音乐编排，亦称“水中芭蕾”。花样游泳最早起源于欧洲，是游泳比赛期间的娱乐节目，后来这项运动不断发展，逐渐加入了体操和跳水的动作，变得更加有趣好看。到了 1984 年，花样游泳成为奥运会正式比赛项目，全世界都更加关注和喜爱这项运动。

在比赛中，花样游泳运动员们身着漂亮的泳衣，戴着闪亮的头饰，看起来像美人鱼一样，随着音乐节奏在水中做出诸如翻滚、跳跃、踢腿等舞蹈动作，精彩纷呈！

在水下会呛水吗？

在花样游泳比赛中，运动员们会统一佩戴鼻夹，因为鼻夹可以防止在倒立动作中水倒灌进鼻腔，引起呛水或不适。

扫码看视频

“水中芭蕾公主”的历险记

黄雪辰在6岁的时候，就开始学习游泳了。

有一天，听到教练和别人谈论一种叫作“花样游泳”的运动，她觉得非常好奇，就想试试看。然而要成为顶尖的花样游泳运动员，需要付出巨大的努力。黄雪辰每天早早起床，坚持各种训练，她不怕吃苦，不怕受伤，总是勇往直前。凭借过人的天赋和刻苦的练习，黄雪辰很快成为队中主力。

每一位运动员都向往奥运会赛场，黄雪辰也不例外。但是花样游泳项目有来自世界各国的高手，中国队一直没有实现奖牌零的突破。黄雪辰在心中暗暗许愿，希望自己能够和她们一较高下。终于她等来了第一次奥运之旅——2008年北京奥运会，黄雪辰跟随队伍获得了一枚宝贵的铜牌，这也是中

国花样游泳史上第一枚奥运奖牌。2012 年伦敦奥运会，黄雪辰与刘鸥搭档双人项目，为中国夺得第一枚双人花样游泳的奥运会铜牌，集体项目更是摘得中国花样游泳的奥运首银。2016 年里约奥运会，她又以两枚银牌收官，光荣退役。

到这里，这位“水中芭蕾公主”的故事本应该画上句号，但却还没有结束……

2020 年东京奥运会，为国征战的号令再一次摆在了黄雪辰面前。面对身体的伤病和家庭的牵挂，她毅然选择继续为国争光，这份魄力和坚忍令人敬佩。付出没有白费，她与搭档孙文雁最终斩获双人项目奥运银牌，又在集体项目中再添一银。

4 届奥运会，7 枚奥运奖牌，黄雪辰的运动生涯在浓墨重彩中收笔。

跳水

跳水是一项结合力量、技巧和勇气的运动，运动员从高处跳下，在空中展现各种姿势，然后优雅地落入水中。跳水的姿势有很多种，比如直体、屈体和抱膝，还要翻转或旋转，中途保持身体稳定，直到入水。入水是非常关键的一环，身体需要垂直入水，仿佛“滑”入水中一般，水花要压住不能特别大。

我国的跳水国家队一直保持着国际领先水平，有着中国跳水“梦之队”的称号。

但要注意哦！跳水是一项需要不断练习和磨炼的运动，不要为了追求刺激而尝试冒险的动作！

扫码看视频

逐梦跳水台的闪亮“晶晶”

郭晶晶是中国跳水的传奇人物，她曾经参加过4届奥运会，拿到了4枚金牌2枚银牌，同时她也是第一位在跳水项目上获得6枚奥运奖牌的女子运动员。但是她当初选择跳水的原因，完全是误打误撞。

在郭晶晶小时候，妈妈带她去海边玩，一不小心被水呛了一下，从此小晶晶就很怕水。一次，跳水教练来学校选人，郭晶晶还是克服内心的恐惧，举手说我想去。她误以为是去学游泳，没想到是跳水。

当她第一次看到高高的跳台，心想怎么那么高？可是来都来了，只能硬着头皮参加训练。小晶晶所有动作都是躲到最后，先看看其他小朋友跳得怎么样，确认没有什么危险，她才跟着往下跳。

就是这样一个胆小害羞、只敢跟跳的小女孩，在日复一日的训练中慢慢崭露出跳水的天赋。5 岁练跳水，12 岁进入国家队，15 岁便登上奥运会舞台。但是奥运赛场的竞争是非常残酷的，郭晶晶一开始并没有拿到奖牌，到了 2000 年悉尼奥运会，她也只拿到了两个第二名。要知道，中国跳水运动员都是奔着金牌去的！和金牌擦肩而过的她不愿放弃，继续蛰伏。功夫不负有心人，2004 年雅典奥运会上，郭晶晶一举获得女子单人 3 米板和女子双人 3 米板两枚奥运金牌，圆了她的奥运冠军梦。2008 年北京奥运会，她又一次包揽了这两个项目的奥运金牌，所有的付出和等待都化作了最灿烂的笑容。

坚持梦想并非易事，需要经历风雨的洗礼，克服重重困难。但只要我们心中一直坚守那份执着与热爱，就一定能够迎来梦想成真的时刻。

体操

我们要说的体操
可不是广播体操哦，
而是竞技体操!

体操可以分为很多种类，比如竞技体操、艺术体操和蹦床。艺术体操就像跳舞一样，结合了体操和舞蹈元素。蹦床则是运动员利用弹簧床在空中表现各种跳跃和翻转的技巧。这一篇主要给大家讲讲更侧重于展示体操运动员技巧和难度的竞技体操。

体操有很多有趣的动作，比如跳跃、翻滚、平衡等。除了平地以外，运动员还会在平衡木、吊环、木马、双杠、单杠等不同器械上完成动作，并且展示技巧、平衡和灵活性。在比赛中，裁判会给体操运动员的动作打分，分数最高就能赢得比赛。

扫码看视频

现代体操源自 18 世纪的欧洲，当时，人们将体操与军事训练相结合。1896 年，第一届奥运会就设有体操比赛项目。

男子个人全能赛和团体赛项目有自由体操、鞍马、吊环、跳马、双杠和单杠。

女子个人全能赛和团体赛项目有自由体操、跳马、平衡木和高低杠。

女子自由体操

男子鞍马

女子跳马

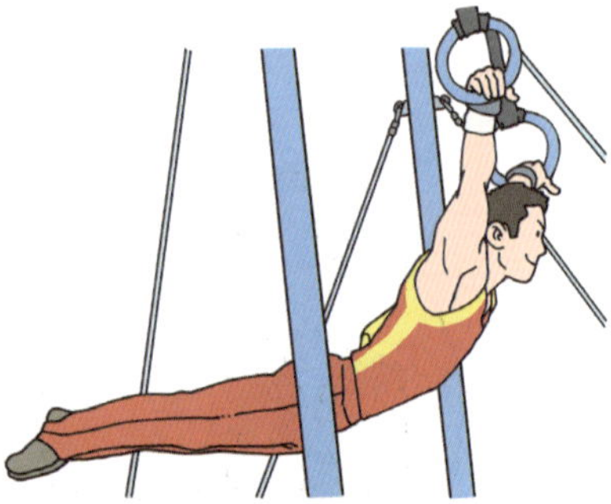

男子吊环

“体操王子”

李宁

李宁是中国第一位进入国际体操名人堂的运动员。他 19 岁时就横扫体操世界杯，将全部 7 枚金牌中的 6 枚收入囊中，创造了世界体操史上的神话，被誉为“体操王子”，是体操世界的传奇选手。

然而，李宁的人生道路并非一帆风顺。1988 年，在韩国汉城奥运会上，李宁在吊环比赛中不小心摔落，受了很重的伤。医生告诉他，他不能再像以前那样做高难度的体操动作了。李宁很难过，但他没有放弃。

他想：“我不能练体操了，但我还可以做其他的事情。”于是，他决定用自己的名字创办一家体育用品公司，让更多的人能够参与体育运动。

1990年，李宁创立了以自己名字命名的“李宁”公司，致力于打造中国的专业体育品牌。

经过多年的努力，李宁的公司变得越来越大，产品也受到了不少人的喜爱。现在，李宁体育用品公司已经成为中国最知名的运动品牌之一。

这个故事告诉我们，不管遇到什么困难，只要我们勇敢地去面对，就一定能够找到解决问题的方法。就像李宁一样，他不能再练体操了，但他找到了另一条道路，让更多的人能够感受到体育的魅力。

举重

古代的人举大石块来锻炼身体，也通过举重物方式来进行力量对决，由此渐渐衍生出举重这个比赛项目。1891 年，第一届举重世锦赛在英国举行。1896 年，首届奥运会就设有举重项目的比赛。

举重运动员在比赛中要举起很重很重的杠铃。这些杠铃的两边都挂着大大的铁片，看起来就像两块大饼干一样。

扫码看视频

举重运动员有两种方式来举杠铃。

第一种叫作“抓举”，运动员一下子把杠铃从地面举到头顶，再缓缓站起来。第二种叫作“挺举”，运动员会先蹲下来，把杠铃提至胸前，然后再站起来，把杠铃举过头顶。

举重不仅需要很大的力气，还需要高水平的控制力、专注的精神和敢于拼搏的勇气。这项运动看似简单，过程却充满变数，比赛经常充满戏剧性，看点多多。

不老的“军神”

吕小军

2020 年东京奥运会男子举重 81 公斤级比赛中，37 岁的中国选手吕小军刷新奥运纪录夺得金牌。这项成就让吕小军成为奥运历史上夺冠年龄最大的举重冠军。

吕小军出身寒门，但从小就表现出了超乎常人的坚忍和乐观。年幼的他已经开始帮助父母做农活，提水浇灌禾苗，甚至在秋收时帮助父亲扛很重很重的袋子。这种成长环境，让他从小就学会了吃苦耐劳。

说起来，吕小军的举重生涯是从村里的小学运动会开始的，当时他在田径短跑比赛中获得第一名，一下就被体校的老师看中了。尽管家境贫寒，但他的家人并没有反对他走这条路，而是相信他在为自己的人生做选择。

在体校，吕小军开始了刻苦的训练。

举重训练需要付出巨大的努力，但吕小军从不言苦。他的掌心被磨破，老茧破了又长出新的，锁骨也经常被杠铃砸得生疼，但他依然没有放弃。他的坚持得到了回报，逐渐在举重领域崭露头角。

吕小军是中国举重队唯一连续参加3届奥运会的选手，分别在2012年伦敦奥运会和2016年里约奥运会中获得男子举重77公斤级金牌，并打破世界纪录。在2020年东京奥运会上，他升级到81公斤级，再次获得金牌，并刷新奥运会纪录。

吕小军被粉丝称为“军神”，他的成就和精神已经成为中国举重界传颂的佳话。

拳击

这可不是打架哦！
拳击是一项受规则约束、
有裁判限制的体育运动。

在拳击比赛中，拳击运动员会戴上拳击手套和护具，这样他们在打斗时就会有保护。比赛通常分为多个回合，每个回合都有时间限制。选手们需要运用各种技巧和策略，试图击中对方，同时也要防范对方的攻击。拳击不仅仅是身体力量的比拼，也是智慧和勇气的较量。

扫码看视频

拳击的起源可以追溯到远古时代，埃及、罗马和希腊都有与拳击相关的记载和遗迹。现代拳击源自英国，1743 年，以拳击为职业的约翰·布劳顿起草了最初的拳击规则，后来他还发明了拳击手套，让学员戴上拳套进行练习，以防止击伤和损坏面容。

1891 年，修改后的拳击规则被世界公认。1904 年，拳击成为奥运会正式比赛项目。

小个子的大梦想

邹市明

你能想象“拳王”是因为小时候被女生欺负才选择当拳击手的吗？

邹市明小时候自身体格较弱，性格也比较文静，所以有时候会受同学欺负。当时他并不擅长“打架”，但喜欢看功夫电影，每次看到那些英雄打败坏人，他都特别激动。个子小小的他，有一个大大的梦想——成为世界上最厉害的拳击手！

有一天，教练来到他的学校，告诉他们有一个可以学习拳击的机会。邹市明非常兴奋，他觉得这是自己实现梦想的机会。可是，学习拳击并不容易，邹市明面临着许多困难和挑战。他的身高和体重并不占优势，所以需要比别

人更加努力地训练，不断提升自己的拳击技巧和身体素质。他努力地打出每一拳，踢出每一腿，一点点提升自己的速度和力量。

慢慢地，邹市明变得越来越厉害。他参加了许多比赛，每次都全力以赴。虽然有时候也会输，但他从不气馁。他相信只要努力，总有一天自己会成为最厉害的拳击手。

终于，邹市明站上了奥运会的舞台。面对来自世界各地的强大对手，他没有害怕，挥动着拳头，勇敢地战斗。最后，他赢了！他成了奥运冠军，全世界都为他欢呼。

邹市明的拳击生涯可谓战功赫赫。他连续获得了2008年北京奥运会和2012年伦敦奥运会的拳击项目金牌，成为中国拳击代表性人物。2013年，他正式转入职业拳击，仅用10场比赛就加冕金腰带，成为名副其实的"世界拳王"。他的职业生涯充满机遇和挑战，但他始终保持着对拳击运动的热爱与追求。

击剑

小朋友，你愿意成为勇敢的“剑客”吗？

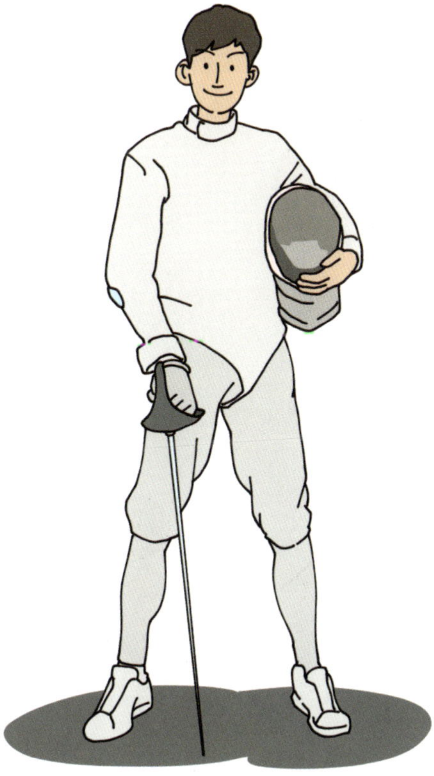

早在古代，击剑便在埃及、中国、希腊、罗马、阿拉伯等国家十分盛行。远古时代，剑是人类为了生存同野兽进行搏斗和打猎所使用的工具。随着人类历史的发展，剑逐步成为武器，并走上历史舞台。现在我们身处和平年代，击剑已经变成一项非常受欢迎的运动，也成为奥运会的传统项目之一，自 1896 年雅典奥运会，男子花剑和佩剑的比赛就已存在。在 1900 年巴黎奥运会上，增加了男子重剑项目。

扫码看视频

在击剑比赛中，选手们会穿上特殊的服装，戴上保护面罩，拿起剑来进行比赛。比赛有三种不同的剑：佩剑、花剑和重剑。每种剑都有不同的特点和用法。

重剑是完全刺击武器，
有效击中部位包括全身。

花剑也是完全刺击武器，
有效击中部位是上身。

佩剑是既劈又刺的武器，
有效击中部位是上身、
头盔及手臂。

“剑客”传奇

仲满

仲满，中国击剑界的传奇人物，2008 年北京奥运会男子佩剑个人赛冠军，是中国击剑队在该项目上的第一枚奥运金牌获得者。

但鲜为人知的是，仲满最开始并没有专攻击剑。从小热爱运动的他，尤其擅长长跑，多次在跑步比赛中获得冠军，还因为个子很高被借调到篮球队参加过比赛。然而，命运的转折点发生在 1997 年，在一次比赛中他被击剑队教练看中，从此开启了和击剑的缘分。

在击剑的道路上，仲满付出了巨大的努力。他凭借在田径项目中积累的体力和耐力优势，迅速适应了击剑的训练节奏。然而，掌握击剑要领并非易事，需要精准的技巧、敏捷

的反应和出色的心理素质。仲满在训练中克服了种种困难，逐渐成长为一名优秀的击剑运动员。

2008 年，仲满迎来了职业生涯的巅峰时刻。在北京奥运会上，他一路过关斩将，最终成功夺得男子佩剑个人赛冠军，为中国男子击剑队赢得了历史性的奥运金牌。这枚金牌不仅是对他个人努力的肯定，也为中国击剑运动的发展注入了新的动力。

退役后，仲满并没有离开他热爱的事业，转型成为教练，继续为中国击剑队培养后备力量。他的经验和智慧，为年轻选手们提供了宝贵的指导和帮助。

射击

我们都是神枪手！

射击是用一把特制的枪，瞄准目标，然后努力击中它，就像玩具枪打靶游戏一样。但是真正的射击比赛要更加精确和有趣哦！ 射击比赛中的枪并不是那种填装火药的枪，而是用气体或者小弹珠来打出“子弹”，这样比较安全，也更适合比赛。

扫码看视频

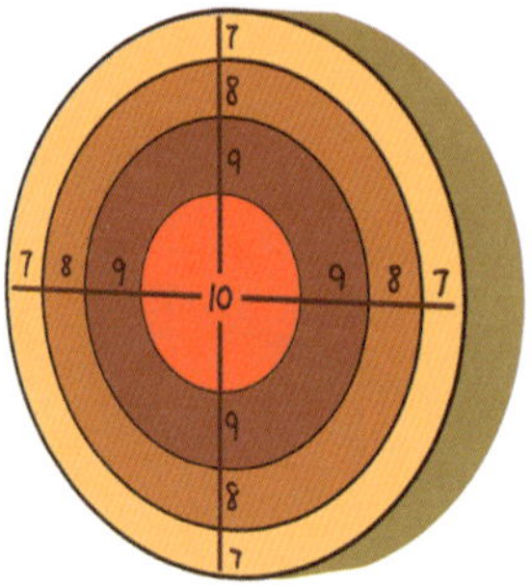

比赛的靶子就像一个圆圆的盘子，上面有很多小圈圈。每个小圈圈都有一个分数，如果你击中了圈圈，就可以得到对应的分数。射击有很多分项，比如手枪、步枪、打飞碟等，每种比赛都很有趣，需要不同的技巧和策略。

射击项目发源于狩猎和军事活动，在 15 世纪就成为一项比赛运动。1896 年，第一届奥运会便设有射击比赛项目。

射击场的“东方之星”

许海峰

中国历史上第一枚奥运金牌便是在射击项目上拿到的，夺冠运动员名叫许海峰。

1984年，许海峰代表中国参加了洛杉矶奥运会，那个时候，中国队在奥运会上还没有拿到过金牌。在比赛中，许海峰特意选择了象征中国的红色运动服。尽管过程有许多坎坷，但许海峰凭借着稳定的心理素质和出色的技术，在男子自选手枪60发慢射比赛中获得冠军，实现中国奥运金牌零的突破，他的名字也被写入史册。

许海峰从小就对玩具枪爱不释手，总是把很多精力用在研究枪上。男孩们喜欢舞刀弄枪很正常，但许海峰在玩的基础上还爱钻研：怎么样才能射击更准？

其实许海峰在当射击运动员之前，曾是供销社卖化肥的销售员。然而生活的磨砺，并没有削减他对射击的热爱。业余时间，许海峰不断练习，最终引起了射击队的注意，成功转型为专业运动员。

当时，国家队的训练条件非常艰苦，他们只有两把训练用的进口枪，而且冬训时没有暖气。许海峰凭借着坚忍不拔的毅力和高度的自律，克服种种困难，逐渐在射击领域崭露头角。

洛杉矶奥运会结束两个月后，许海峰将金牌捐赠给中国革命博物馆（现在的中国国家博物馆），希望更多人能够看到这枚意义非凡的金牌。

高尔夫

高尔夫球场就像一个冒险大乐园！

高尔夫球场有宽阔的草地，像小山丘一样的地形，甚至还有像镜子一样的湖泊。球场上有许多不同的区域，比如发球区、球道，还有果岭。你站在发球区，用球杆给小球一个“魔法推力”，让它飞得尽可能远，还要准确地落在球道上。然后，你要沿着球道走到球落点，再次给小球一个“魔法推力”，把球送入果岭上的小洞里。

扫码看视频

高尔夫球上的小凹坑叫作“酒窝”，它们可以让球飞得更远。

高尔夫球场上的小旗子叫作“球标”，它标记了球穴的位置。

球员在打球时需要穿着专用鞋，这些鞋有特殊的鞋底，可以帮助球员在草地上更好地行走。

现代高尔夫球起源于 15 世纪的苏格兰。其英文名称“Golf”来源于苏格兰语，意为“击、打”。1900 年，高尔夫球成为奥运会正式比赛项目。

22 冠的大冒险 冯珊珊

冯珊珊是你一定要知道的中国高尔夫选手，她不仅拿过世界第一，还是中国历史上第一位高尔夫奥运奖牌得主，她在 2016 年里约奥运会上斩获铜牌。

我们现在见到的冯珊珊，拥有结实的身体，但曾经的她身形瘦小、弱不禁风。所以父母让她尝试了很多运动，比如游泳、网球和滑冰，但她并不擅长。直到 10 岁那年，爸爸带她接触了高尔夫球，她第一次展现了自己的潜力，随后开始了专业训练。

从三年级开始，家里的电视机几乎和小珊珊无关，偶尔看看，内容也都是高尔夫球比赛。也正是通过观看球赛，冯珊珊知道最好的职业运动员都在职业巡回赛的舞台上，她也想踏足这片赛场。于是，她去了美国。

成功通过资格考试后，冯珊珊开启了高尔夫职业巡回赛的大冒险之旅。这趟旅程跌宕起伏，但冯珊珊从不退缩，一直努力训练，钻研球技。在征战顶级巡回赛的 15 年间，她拿下了 22 个冠军，创造了很多纪录。

现在的冯珊珊已经退役，不再参加比赛，但她并没有离开高尔夫球。她回到了中国，帮助更多的小朋友学习高尔夫球，让他们也能体验到这项运动带来的快乐。

自行车

你知道吗？自行车的速度也可以非常快！

荷兰人弗雷德·罗姆佩尔贝格 1995 年创造了 268.8 公里 / 小时的自行车速度纪录，简直让人难以置信！

自行车项目按照比赛车型和场地，主要分为四大类：

场地赛：想象一下在椭圆形赛道上，运动员们骑着自行车你追我赶，争分夺秒。场地赛考验的是运动员的速度和技巧，如全能赛、追逐赛等。

扫码看视频

公路赛：公路赛则是在开放的道路上进行，沿途的地形、路线变化给比赛增添了更多挑战和不确定性。长途跋涉、坚持不懈，公路赛展现的是运动员的耐力与意志。

山地越野赛：如果你喜欢刺激和挑战，那么山地越野赛绝对不容错过。崎岖不平的山路、各种天然障碍，需要运动员具备高超的骑行技巧和强大的身体素质。

小轮车赛：运动员们骑着小巧灵活的小轮车，在专门的赛道上进行跳跃、翻滚等高难度动作，充满挑战性的同时，也极具观赏性。

破风前行

宫金杰 钟天使

2016年里约奥运会，宫金杰和钟天使搭档，在场地自行车女子团体竞速赛中一举摘下金牌。这是中国自行车项目在奥运会上的首金，两个人的通力协作，实现了零的突破！

宫金杰从小就对体育非常感兴趣。小学时，她每天都会跟着父亲跑3公里，还曾获得过省级田径比赛跳远第一名和百米跑第二名的好成绩。但她后来听从了教练的建议，转行练习场地自行车。虽然宫金杰16岁才开始练习自行车，算是自行车界的“大龄青年”，但凭借着不懈的努力，最终实现了自己的梦想。

钟天使同样是一个坚忍的女孩，在她11岁时，被一位自行车教练选中，开始专业训练。钟天使训练非常刻苦，不断突破自我，提高比赛水平。但在备战和比赛过程中，运动员不可避免会受到伤病的困扰，但她从未想过放弃，一边治疗一边坚持训练，拥有极强的毅力和决心。

宫金杰和钟天使用自己的行动证明，有梦想、有决心、有勇气的孩子们，更应该全力以赴，破风前行。

其他项目小百科

帆 船

帆船运动是一项古老而充满挑战的水上运动！

四年一度的奥运会帆船比赛，吸引了全球顶尖的帆船运动员同场竞技。比赛过程中，技巧、策略和团队合作都非常重要。帆船不仅考验运动员的体能和技术，而且是一场与大自然博弈的智力游戏。你需要读懂风、看懂浪，才能享受到驾驭风浪的快乐。

2012 年伦敦奥运会，中国选手徐莉佳获得女子单人艇激光雷迪尔项目的奥运会冠军，为中国代表团赢得历史上首枚帆船奥运金牌。

扫码看视频

射 箭

射箭在中国有着悠久的历史传承和深厚的文化底蕴。遥远的古代，相传有位名叫后羿的英雄，他手持神弓，射下了 9 个危害人间的太阳。这则关于射箭的古老传说，让我们对射箭运动充满了好奇和向往。

1900 年，射箭成为奥运会正式比赛项目。在奥运会上，运动员们凭借精湛的射术和稳定的发挥，为国家争取荣誉。比赛里，运动员们比拼的是命中环数，从外到内，环数逐渐增加，最高为 10 环。

2008 年北京奥运会，中国选手张娟娟获得奥运会射箭比赛女子个人冠军，为中国赢得第一枚射箭奥运金牌，打破了韩国 24 年来对奥运射箭女子项目的垄断。

扫码看视频

跆拳道

在古代朝鲜半岛的某个村落，人们为了保卫家园，开始练习一种独特的武术，这就是跆拳道的雏形。数千年间，这个“独门秘术”不断演变、发展、传播，最终得名“跆拳道”。

如果你从初学者一路练到高手，跆拳道的腰带颜色也会自最初的白色变成最后的黑色。不仅如此，跆拳道还有段位评定，从一段到九段，每段都需要经过严格的考核。

2000 年悉尼奥运会，跆拳道成为奥运会正式比赛项目。正是那届比赛，中国选手陈中赢得女子 67 公斤以上级跆拳道冠军，为中国跆拳道队赢得了第一枚、同时也是世界跆拳道史上第一枚奥运金牌。2004 年雅典奥运会，陈中再次站上奥运赛场，并且成功卫冕，成为中国首位跆拳道奥运“双冠王”。

扫码看视频

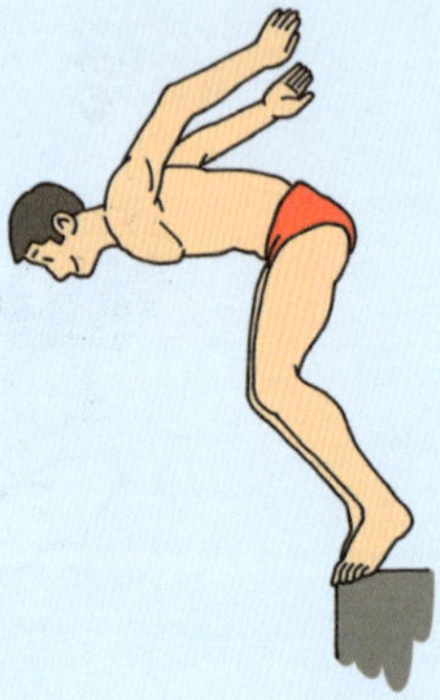

现代五项

现代五项，听名字就知道它不简单！

相传在 19 世纪，一位法国骑兵为了完成传信使命，骑马奔袭，游泳过河，使用剑和手枪与敌人搏斗，长途奔跑。顾拜旦根据这个故事设计出现代五项的雏形，将马术、击剑、射击、游泳和跑步组合为一个充满挑战和趣味的比赛项目。1912 年，现代五项成为奥运会正式比赛项目。

2012 年伦敦奥运会，中国选手曹忠荣获得现代五项亚军，拿到一枚宝贵的银牌，取得了中国在现代五项比赛中的历史性突破。

扫码看视频

好了，亲爱的小朋友们，

咱们的奥运之旅走到这里就接近尾声了。

奥运会就像一场全球表演，

来自世界各地的运动员都在

尽情展现各自的“超能力”！

每一个比赛项目，

都承载了运动员们的汗水、梦想与努力，

更蕴含着值得大家学习的体育精神。

那么，说了这么多，

你想不想成为一名厉害的运动小达人呢？

体育运动不仅能让我们变得更加健康、勇敢，

还可以通过运动认识很多新朋友哦！

所以，不要犹豫啦，赶紧行动起来吧！

让运动成为我们生活的一部分，

让健康和快乐伴随我们成长。

加油！

扫码看视频